왜, 누가, 무엇을, 어떻게

대각성전도집회 다락방 시리즈

7

옥한흠

국제제자훈련원

옥한흠 대각성전도집회 다락방 시리즈 7

왜, 누가, 무엇을, 어떻게

초판 1쇄 발행 1999년 10월 16일
초판 16쇄 발행 2023년 7월 27일

지은이 옥한흠

펴낸이 오정현
펴낸곳 국제제자훈련원
등록번호 제2013-000170호 (2013년 9월 25일)
주소 서울시 서초구 효령로68길 98 (서초동)
전화 02) 3489-4300   **팩스** 02) 3489-4329
이메일 dmipress@sarang.org

저작권자 (C) 옥한흠. 1999, *Printed in Korea*
이 책은 저작권법에 의해 보호를 받는 저작물이므로 저자와 출판사의 허락 없이
내용의 일부를 인용하거나 발췌하는 것을 금합니다.

ISBN 978-89-88850-14-5 03230

*책값은 뒤표지에 있습니다. 잘못된 책은 구입하신 곳에서 교환해드립니다.

국제제자훈련원은 건강한 교회를 꿈꾸는 목회의 동반자로서 제자 삼는 사역을 중심으로
성경적 목회 모델을 제시함으로 세계 교회를 섬기는 전문 사역 기관입니다.

교재 사용에 대하여

제자훈련을 하고 있는 교회라면 대각성전도집회를 1년에 한 번씩 갖는 것이 좋다. 제자훈련을 통해 축적된 영적인 힘을 발휘할 수 있는 기회를 만들어주기 때문이다. 또한 교회가 영적으로 수혈을 받고 새롭게 일어나는 계기가 된다. 새로운 생명이 태어나는 산실인 대각성전도집회가 시작되면 교회는 영적인 잔치 분위기를 맛보게 될 것이다.

대각성전도집회는 준비 기간을 길게 두고 치밀한 준비를 해야 한다. 우리 마음에 안주하려는 습성을 깨고 새롭게 힘을 모으기 위해서는 적어도 5~6개월 전부터 치밀한 준비가 있어야 한다. 특별히 다락방(구역)을 중심으로 영적으로 무장하며, 합심하여 기도로 준비하는 것은 대단히 중요하다.

이를 위해 지금까지 전도집회를 앞두고 다락방에서 사용해온 교재를 내어놓게 되었다. 다소나마 도움이 되길 바라며, 이 교재를 사용하기 원하면 다음 몇 가지를 참고해 주기 바란다.

1. 이 교재는 소그룹에서 귀납법적인 방법으로 성경을 공부하도록 만들어졌다. 그러므로 지도자는 소그룹 환경에서 귀납법적으로 성경을 공부하는 것이 무엇인지를 반드시 배우지 않으면 안 된다.
2. 이 교재는 교역자가 매주 소그룹 지도자들을 먼저 예습시킨 다음 사용하게 해야 바람직한 효과를 기대할 수 있다. 평신도에게 던져주고 그들 마음대로 사용하게 하는 것은 좋지 않다.
3. 소그룹에 참석하는 자들은 반드시 미리 예습을 하도록 권장해야 한다.
4. 한 과의 내용을 다 공부하려면 두 시간 이상이 필요하다. 그러므로 문제에 따라 답만 찾아보고 넘어가야 할 것과 함께 토의하면서 진지하게 적용해야 할 것을 잘 구별해서 시간 안배를 하는 것이 좋다.

차례

1. 왜?

누가복음 15:3-23

한국교회의 성장이 멈추었다는 이야기는 이미 오래전에 나온 이야기이며, 지금은 마니너스 성장 즉 감소가 이루어지고 있는 실정이다. 이에 대한 이유가 여러 가지가 있겠지만 가장 큰 이유는 교인들의 전도의 열정이 식어졌다는 것이다.

한국교회의 교인들이 줄어들고 있다는 사실에 대하여 나는 지금 어떠한 마음을 갖고 있는가? 전도의 열정을 회복해야 할 필연적인 이유가 무엇인가? 본문의 말씀을 통해 냉철하게 살펴보고 도전받는 기회가 되기를 바란다.

"하나님은 길 잃은 한 마리 양을 찾으시는 아버지의 마음을 우리에게 부어주셔서 우리의 손길을 통해 잃어버린 영혼들이 아버지께로 돌아오기를 간절히 원하고 계십니다.

예수를 믿고 따르는 참 제자라면, 바로 예수 그리스도의 산 증인으로 주님을 전해야만 한다. 그렇다! 성도는 '전도'라는 필수과목의 시험에 반드시 통과하여야 한다. 하나님과 이웃을 동시에 사랑하는 유일한 방법인 전도가 빠지면 율법주의자와 다를게 뭐 있겠는가?" - 《천사도 흠모하겠네》(김순애, 두란노) 중에서

토의내용

1. 누가복음 15장에는 세 가지의 비유가 나오고 있다. 어떤 비유들인지 간단하게 정리하라.

2. 양 일백 마리, 열 드라크마, 두 아들은 무엇을 가리키고 있는가? (4, 8, 11절)

3. 잃어버린 양 한 마리, 한 드라크마, 한 아들은 누구를 의미하고 있는가? 내 주변에는 이러한 잃어버린 사람들이 없는가? 있다면 그들의 이름을 적어보자. (4, 8, 12-13절)

4. 잃어버린 양 한 마리, 잃어버린 한 드라크마, 잃어버린 한 아들을 찾기 위한 노력이 어떠했지를 본문을 통해 살펴보라. 본문에서는 그 노력을 간단하게 기술하고 있지만 본문을 조금만 깊이있게 묵상보면 그 노력이 얼마나 지대했는지를 느낄 수 있다. 상상력을 동원해서 그 노력을 구체적으로 표현해 보라.

5. 왜 잃은 것을 찾기 위해 그토록 고생을 해야 했으며, 노력을 해야만 했을까?
   우리는 여기서 주인 혹은 아버지의 어떠한 마음을 깨달을 수 있는가? 나에게
   도 이러한 마음이 있는가? (참고/ 마태복음 18:14, 15:24)

6. 잃은 양을 찾은 주인도, 한 드라크마를 찾은 여인도, 탕자를 찾은 아버지도 이
   웃들을 불러 모으고 잔치를 베풀었음을 알 수 있다. 어쩌면 한 마리의 양의 값
   보다도, 한 드라크마(5-7만 원)의 값보다도 훨씬 더 많은 비용을 들인 것이 분
   명한데 왜 손해나는 일을 했을까? 그 이유를 찾아보고 우리가 여기서 배울 수
   있는 것이 무엇인지 말해보라. (6, 9, 23절)

7. 이제 대각성전도집회를 통해 새생명을 탄생시키는 축제의 기쁨을 우리 각자
   의 마음에, 그리고 교회안에 기필코 회복시켜야 한다. 돈이 얼마나 드느냐가
   문제가 아니다. 새생명의 가치를 돈으로 계산할 수 없지 않는가! 당신은 당신
   을 통해서 새생명이 탄생된 기쁨을 맛본지 얼마나 되었는지 각자 양심으로 대
   답하자. 다음의 글을 읽고 저자가 세탁소 선희엄마를 전도하고 얼마나 기뻐했
   는지 말해보라.

> "아니에요. 우리교회는 아침 일곱시에 첫 예배가 있어요. 잠은 좀 못 주무시겠지
> 만, 여섯시 반에 집에서 떠나시면 아홉시까지는 집으로 돌아오실 수 있어요. 아마 한
> 번 다녀 오시면 마음이 평안하실 거예요."
> 　내 설명을 듣던 선희 어머니 얼굴에 회색이 돌았다.
> 　"그럼, 한번 가볼까요."

“그래요. 그러면 이번 주일 여섯시 반에 상가앞에서 만나기로 해요.”
선희 어머니와 약속을 하고 세탁소 문을 나설 때의 기분은 정말로 기뻤다. 예수님을 멀리하고 방황하던 영혼을 다시 예수님께로 인도하는 일은 언제나 그렇게 보람있었다. 그날 나는 그 기쁨에 하루종일 감추질 못했다.

8. 이번 대각성 전도집회에 내 주변에 있는 믿지 않는 자(태신자)를 꼭 전도해야 할 이유를 오늘의 본문을 통해서 다시 한번 정리하라. 전도하는 자에게 주어지는 하나님의 축복은 엄청나게 크다. 경험이 있는 사람들은 간증해 보라.

다음 글은 저자가 전도를 통해서 얻은 유익을 말하고 있는데 읽고 어떤 부분에서 공감이 되 는지 말해보라.

전도를 통해 나 자신이 얻은 유익 또한 말할 수 없이 많다. 전도를 하면 너무나 많은 것을 그 상급으로 얻게 된다.
첫째, 주님을 기쁘게 해드린다는 기쁨과 평안이 내 안에서 넘쳐난다.(눅 15:7)
둘째, 신앙의 확증을 갖게 된다. 더구나 기도의 신비도 체험하게 된다. 전도대상자의 문제를 놓고 기도하다 보면 기도의 응답을 통해 주님께서 함께 해 주시는 영적인 체험도 하게 된다. 그러면서 매일 매순간 성령께서 동행하시고 역사하심을 깨닫게 된다.
셋째, 자신의 모난 성격도 바뀌게 된다.
넷째, 베푼 것 이상으로 하나님께서 복 주심을 깨닫게 된다.
다섯째, 믿음의 형제 자매 사이에 서로 돕고 유익이 되는 삶을 살게 된다.
여섯째, 많은 영적 후원자를 갖게 된다.

2. 누가?

요나서 1:1-17

믿음생활을 오래한 성도들조차도 "나에게는 전도의 은사가 없어." "나말고도 전도를 열심히 할 사람들이 얼마나 많은가?"'목사님, 전도사님이 전도해야지 평신도인 내가 뭘 전도를 하겠는가?" "우리교회는 포화상태인데"하면서 전도는 나와 상관없는 것으로 여기는 사람이 적지 않은 것 같다. 즉 전도를 다른 사람 일로 여기고 있는 것이다. 오늘 본문을 통해 이러한 생각들이 얼마나 잘못되었는가를 반성하고 지금 당장 누가 전도해야 할 것인가를 깨닫는 기회가 되어야 하겠다.

"우리 주변에는 수백명씩, 수천명씩 전도하는 특별한 은사를 받은 분들이 많이 계십니다. 그러나 전도는 결코 은사를 받은 사람들만이 하는 특수한 사명이 아닙니다.그리스도인이라면 누구나, 그것이 단 한명이 될지라고 반드시 전도해야 하는 것입니다.
늘 나는 전도 못해요.내 대신 해보세요라고 하는 분들이 많다.어디 전도 하는 사람들이 따로 있나. 전도하는 사람들이 따로 정해진 것은 분명 아니다. 전도는 주님의 제자라면 그 누구나 꼭해야 할 기본 덕목인 셈이다."-《천사도 흠모하겠네》(김순애, 두란노) 중에서

토의내용

1. 하나님의 말씀이 누구에 임했으며, 그 말씀의 내용은 무엇이었는가? (1. 2절)

2. 하나님의 말씀에 대한 요나의 반응은 어떠했으며, 왜 요나가 그런 반응을 보였다고 생각하는가? (3절, 참고/ 요나의 반응에 대하여는 당시 유대인들의 의식구조를 살펴보는 것이 필요하다.)

3. 내 이웃에 사는 불신자들에게 내가 지금까지 적극적으로 전도하지 못했다면 그 이유가 무엇이었다고 생각하는가? 나름대로의 재미있고 다양한 이유(변명)가 있을 것이다. 솔직하게 이야기해 보라. 다음의 글을 읽고 저자의 마음이 어떠했는가를 이 문제와 연결해서 생각해 보라.

> 그곁에서 계시던 박관순 사모님께서 한마디 하셨다.
> "집사님은 전도에 은사가 있으시네요"
> 웬 전도 은사! 물론 그때는 주일 예배 후 한두번 마주친 사모님과 목례 정도밖에 인사가 없었는데, 보자마자 하시는 말씀이 '전도 은사' 라니, 믿어지질 않았다.내색은 않았지만 '아마 나를 다른 사람과 착각하셨든지, 뭘 잘못 짚으셨겠지' 하고 대수롭지 않게 생각했었다.
> 나는 전도는 아무나 하는 것이 아니며 극성맞거나 특별히 사명받은 사람만이 하는 것이라고 생각하고 있었으니까. 내 머릿속의 전도하는 사람이란 버스 정류장이나 지하도에서 큰 목소리로 예수를 믿으라고 고래고래 소리치는 사람들뿐이었다.

그뿐인가. 가끔 전도 잘하는 전도왕들의 간증을 들어 보면 대개가 무슨 죽을 병에 걸렸다가 주님의 은혜로 치유함을 받았다든지, 또는 경제적으로 어려워 자살 직전까지 갔다가 예수님을 영접하고 재기에 성공했다든지 하는 특별한 이들이었다. 아니면 자녀가 문제를 일으켰는데 주님을 만나 문제를 해결받았다든지, 신이 내려 무당이 될뻔했다가 독실한 신자가 됐다든지... 아니면 이유야 어찌되었건 주님을 만난 것이 너무나 기뻐, 그 받은 은혜가 너무나 커 예수님을 전하지 않고는 못베기겠어서 전도를 한다는 그런 식의 이야기를 너무나 많이 들어 왔으니까.

난 그런 넘치는 은혜를 받지 못했다. 뭐 그렇게 내놓을 만한 대단한 신앙 경력의 소유자도 아니었다. 나는 너무나 평범한 그저 물같은 신앙을 가진 평신도였다. 게다가 나는 성격상 집집마다 대문을 두드리며 예수믿으세요!를 소리치며 다닐 만큼 얼굴이 두껍지 못했고, 배짱도 없고 기도 많았다. 그저 밥하고 빨래하고 아이들 뒷바라지에 만족하는 평범한 주부에 불과했다. 그런 나에게 전도 은사 운운하시다니...정말로 말도 안돼!

전도왕인 분이 한 번에 몇천 명씩 전도했다는 놀라운 간증을 듣곤 했다. 그럴때면 이런 생각을 했었다. '아, 저런분도 있는데 나는 뭔가,' 그때마다 나는 깨달음을 얻어 도전을 받았다. 하지만 그같은 도전은 잠시뿐이었다. 전도는 나와는 전혀 상관이 없는 먼나라 이야기일 뿐이었다.

신앙 생활하면서 가장 스트레스를 받는 부분이 무엇일까? 굳이 순위를 꼽는다면, 1위는 다름이 아닌' 전도' 일 것이다. 아무튼 너나나나 할 것없이 대부분의 성도들은 전도에 대한 설교를 들으면 구실을 찾아 어물쩍 넘어간다.

"예수님, 제 사전에' 전도' 란 단어는 없었던 걸로 해주세요. 다른 일로 주님 일 할께요. 옛날 주일학교 교사, 성가대 한 것 기억하시지요. 그걸 봐서라도 전도에선 절빼주세요. 네?'

그렇게 말끔히 잊어버렸던 전도라는 말이 사모님과 안씨의 충격적인 발언으로 되살아났다. 그것은 하나님이 나에게 보내시는 사인이었다.

나는 끙끙 앓기 시작했다. 마치 어려운 숙제를 풀지 못해 속앓이를 하는 학생마냥 오후내내 편두통을 앓았다. 도대체 전도가 무언지…

4. 요나는 다시스로 가는 배를 타고서는 이제는 니느웨로 가서 하나님의 말씀을
   선포하는 일을 안해도 된다고 안심을 한 것 같다. 어떻게 그 사실을 알 수 있
   는가? (5절)

5. 내 주변에 불신자들이 있음에도 불구하고 나도 요나처럼 편안하게 지내고 있
   지는 않은가? 혹시 그 편안함이 폭풍전야의 고요함과 같은 편안함이라고는
   생각하지 않는가?

6. 그러나 하나님은 다른 사람을 보내지 않으시고 바로 요나를 보내시려고 집요
   하게 요나를 추적하는 상황을 볼 수가 있다. 그 상황들을 말해보라. (4, 5, 7,
   10, 13, 14-15절)

7. 만일 내가 요나처럼 전도하는 것을 싫어하고 핑개하고, 주변 사람들의 영혼에
   대하여 무관심했다면 우리는 이제 어떤 자세를 취하여야 할것인가?요나의 태
   도를 보고 배울 바가 무엇인가를 서로 나누어 보라. (10, 12절)

8. 하나님은 다른 사람이 아닌 요나를 니느웨로 보내시기를 원하셨다면 오늘 내 주변에 하나님을 믿지 않고 있는 사람들에게 바로 다른 사람이 아닌 내가 가기를 원하시고 계시다는 생각이 들지 않는가? 다른사람이 아닌 바로 내가 가야만 했는데도 불구하고 가지 못하고 말 았던 전도 대상자들로부터 "당신을 하나님께 고발할 거에요"라는 말을 듣게 된다면…

다음의 글을 읽고 자신의 느낌과 각오를 말해 보라.

백 번이고 다시 생각해 봐도 안 씨와의 만남. 십 년 전 그 충격적인 귀한 만남을 허락하신 하나님께 감사드린다.

나는 안씨와 이 년간 안암동 삼인아파트에서 가까운 이웃으로 지냈다. 그러다가 우리 가족이 가락동으로 집을 옮겨 새로운 곳에 적응하려다 보니, 한동안 소식이 뜸했었다. 그 쓸쓸함에 다정하게 지냈던 안 씨가 생각났다. 차 한잔 나누고 싶어 그녀에게 전화를 걸었다. 정말이지 오랜만의 만남이었다. 그런데 이건 또 무슨 말인가. 그녀는 느닷없이 나를 보는 순간 예상치 못했던 충격적인 말을 꺼냈다.

"나, 당신을 하나님께 고발할 거에요!" 고발이라니? 그것도 전능하신 하나님께!

고발이라는 말을 듣는 순간, 난 깜짝 놀랐다. 난 휘둥그래진 눈으로 "아니 무슨 소릴 하는 거냐"고 반문도 못한 채 그녀를 바라봤다.

그녀는 나의 놀람에도 아랑곳하지 않고 정색을 하며 말을 이었다.

"다른 사람들에겐 교회 다녀 보란 소리를 곧잘 하면서 왜 나한테는 단 한 번도 그런 말을 하지 않았어요? 이 다음에 내가 죽어서, 심판대에 선다면 당신을 고발할 거에요. 나에게 하나님을 소개하지 않은 김순애씨를 말이에요." 나는 그 상황을 아주 웃긴다는 표정을 지으며 웃어 넘겼지만, 마음 한 구석이 서늘해져 옴을 느꼈다. 내가 왜 그녀에게 하나님을 믿으라고 전도하지 않았던가! 마음이 어지러웠다. 나는 두서없이 이말 저말을 하다가 그녀와 헤어졌다. 집으로 돌아오는 길 내내 "나, 당신을 하나님께 고발할 거에요!"라는 말이 귓전에서 맴돌았다.

3.무엇을?

요한복음 4:27-42

우리는 전도할 때 무엇을 전해야 할 것인가? 이것은 매우 중요한 문제이다. 전하는 내용이 무엇이냐에 따라 받는 사람의 결과가 달라지기 때문이다. 우리가 전하는 핵심은 복음이다. 복음은 사람을 변화시키는 능력이 있고, 예수 그리스도를 구세주로 고백하고 받아들이게 하는 힘이 있다. 이 과를 통하여 다시 한 번 전도의 무기인 복음의 핵심을 정확히 파악하고, 이 복음의 능력이 얼마나 위대한 것인가를 깨달기를 바란다.

토의 내용

1. 여자가 물동이를 버려두고 동네에 들어가기까지 그 여자에게 어떤 일이 발생했는지 정리해 보라. (요한복음 4:1-26)

2. 이 여자는 물동이를 버려두고 갈 정도로 말하지 않고서는 견딜 수 없는 마음
   의 뜨거움이 있었다. 무엇을 그토록 말하고 싶었을까? (29절)

3. '예수가 그리스도' 라는 말의 의미를 설명해 보라.(참고/ 마태복음 1:21, 16:16)

4. 이 여인이 전한 것은 즉 복음이었다. 우리도 복음을 전해야 한다. 복음의 핵심
   을 다시 한번 정확하게 정리해 보라.(참고/ 사도행전 16:31, 고린도전서 15:1-
   4) 다음의 글을 읽고 이단들의 주장속에는 무엇이 없는가를 찾아보라.

> 이단(異端)이란 무엇인가? 문제 그대로 끝이 다르다는 뜻이다. 처음에는 똑같이 시작했지만, 시간이 지날수록 조금씩 틀려지기 시작하더니 끝에 가선 아주 다르게 변질되어 나타나는 게 바로 이단이다.
>
> 왜 이렇게 다른 종교에 비해 기독교에서 파생된 이단들이 많은지 모르겠다. 보석 중에 제일 비싼 다이아몬드가 모조품이 제일 많듯이 가장 확실한 기독교를 흉내낸 가짜가 많은 이유도 같은 맥락이 아닐까 싶다.
>
> 그들의 주장을 유심히 들어보면 그 안에 핵심인 예수 그리스도가 없는 것을 발견할 수가 있다. 하나님의 아들 예수 그리스도와 십자가의 구속사와 부활과 영생이 들어 있지않은 것이다.

5. 비록 여러명의 남편을 둔 경험이 있는 지탄을 받는 신뢰성이 적은 여인이었지
   만 이 여인이 전한 복음은 엄청난 힘을 발휘하였다. 어떻게 알 수 있는가? 내
   주변에 복음의 위력 앞에 거꾸러져 하나님의 자녀가 된 사람이 있다면 이야기
   해 보라. (30, 39절)

6. 복음이 얼마나 위대한 능력을 갖고 있는지 이 복음을 접한 자에게는 변화가
   일어나게 된다. 이 여인으로부터 복음을 전해들은 자에게 어떤 변화가 일어나
   고 있는지 그 광경을 자세히 살펴보고 이야기해 보라. (39-42절)

7. 우리는 내 주변에 있는 불신자들을 두려워해서는 안된다. 그들이 박사든지,
   사장이든지, 국회의원이든지, 유명한 연예인이든지 상관없이 복음을 전해야
   한다. '이 사람만은 전도가 안될거야' 하는 마음은 벌써 복음의 능력을 과소
   평가 하는 불신앙의 마음인 것이다. 혹시 전도하려다가 상대방의 높은 지위
   (위치) 때문에 망설여 본 적은 없었는가 서로 이야기해 보라. 다음의 글을 읽
   고, 김만철 씨를 전도해 보자는 말을 들었을 때 저자의 자세를 살펴보고 우리
   가 배울 점이 무엇인가를 말해 보라.

> 이른 아침, 전화벨이 아침의 고요를 깨뜨렸다. 수화기를 드니 이진란 속장(구역장)
> 의 흥분된 목소리가 흘러 나왔다.
> "집사님, 우리 앞집에 이북에서 온 김만철 씨 가족이 이사왔어요. 전도를 해야겠어
> 요. 하지만 경찰도 많고 접근하기조차 힘드네요. 한번 와 보세요"

얌전한 속장이 흥분할 만도 했다. 김만철씨가 누구였던가? 따뜻한 남쪽나라가 그리워, 인간답게 살아보기 위해 목숨을 걸고 분단의 벽을 넘어온 사람 아닌가, 쇼킹한 뉴스였다. 그 가족에게 하나님을 전한다니.

나 역시도 흥분했다. 이게 웬일인가 싶어 일이 제대로 손에 잡히질 않았다. 마음을 가라앉히고 생각해 보았다. 그러고 보니 '이웃에 사는 이 속장도 접근하기가 힘들다는데, 난들 무슨 뾰족한 수가 있나' 하는 인간적인 걱정이 앞섰다. 나도 모르게 한숨이 나왔다.

이래 가지곤 전도는커녕 인사도 못해 보겠구나 싶었다. 오직 내가 할 수 있는 유일한 방법이며, 언제나 기댈 수 잇는 단 한 가지 방법인 기도뿐 다른 방도가 없었다. 예수님께 무릎을 꿇고 간절한 마음으로 기도 드렸다.

"예수님, 김만철 씨 가족을 전도하고 싶어요. 계획이 있으셔서 이 속장 앞집으로 이사오게 해주신 거죠? 그 가정을 책임져 주시고 그들의 마음 문과 영의 문이 열리게 해주세요. 그들 가족이 꿈에 그리던 자유를 얻었으니, 이제 구원 받도록 해주세요. 예수님의 이름으로 기도드렸습니다. 아멘!'

그때 난 몇 명의 결실을 얻어, 전도에 조금씩 용기가 생기기 시작할 때였다. 그동안 성공한 전도방법을 총동원해 1차로 김만철 씨 가족의 이름을 불러가며 기도를 드렸다. 그런 후 2차로 밑반찬을 조금씩 준비했다. 그리곤 안면이 있는 이 속장을 앞세우고 의기양양하게 김만철 씨 가족을 찾아갔다.

8. 이번 대각성전도집회를 앞두고 태신자들에게 전하는 복음에, 그들을 대각성 전도집회에 초청하는 나의 말에 성령님께서 강하게 역사하셔서 그들이 복음을 받아들이고, 기쁘게 초청에 응하는 역사가 일어나도록 합심해서 기도하자.

4. 어떻게?

대각성전도집회를 앞둔 우리에게 가장 중요한 과제는 전도하는 것이다. 그렇다면 어떻게 전도하는 것이 가장 효과적인가를 생각하지 않을 수가 없다. 전도의 방법은 다양할 수가 있다. 대상과 시간과 장소에 따라 다를 수가 있다. 오늘 우리는 성경에 나타난 세 사람의 전도의 방법을 살펴보면서 주변의 불신자들을 주님께로 인도하는 효과적인 방법들을 배우자.

"문제는, 열심은 있는데 효과적인 방법을 모르고 있다는 사실이다. 그러니 기대한 것만큼 결실을 얻지 못할 수밖에, 틀림없이 사단은 우리의 전도방법에 대응해서 새로운 방어와 공격전략을 짜내고 있을 것이다. 이제야말로 효과적인 전도방법이 필요한 때다."-《천사도 흠모하겠네》(김순애, 두란노) 중에서

토의내용

1. 요한이 자기 제자 중 두 사람에게 무엇이라고 말했길래 자기들의 선생님인 요한을 떠나 예수님을 좇게 되었는가? 우리가 여기서 배울 것이 있다면 무엇인가? (36절)

....

....

....

2. 안드레는 자기의 형제 시몬 베드로를 어떤 방법으로 예수님께로 인도했는지 그 특징과 강점을 생각해보라? (41, 42절)
   다음 글을 읽고 이 문제와 연결해서 생각해 보라.

> 전도대상자의 취향(?)도 모르면서 눈치없이 교회 자랑을 있는 대로 굴비엮듯 줄줄이 읊으면 안된다. 자기딴엔 열심을 내는 것이지만 그 결과는 수다스럽다는 안좋은 인상만을 남길 확률이 높다.
>
> "와 보라."
>
> 백문이 불여일견이다. 모를 때 관심이 더 끌린다. 얼마나 궁금해 하며 기대에 차서 올까? 전하는 사람도 애써 침 튀기며 에너지 소비할 필요도 없고 말이다. 그래서 빌립도 나다나엘에게 '와 보라' 고 했고, 수가성의 사마리아 여인도 예수님을 만난 뒤 뛰쳐나가 '와 보라' 고 했나 보다.
>
> 말로 설명할 수 없는 것을 말로 전하려고만 하니 그 얼마나 비효율적인가. 그저 "와 보라" 말하는 것으로 완벽하게 전하고자 하는 메시지를 모두 전할 수 있다.
>
> "와 보라"라는 말을 오늘의 우리 말로 단순히 풀어 보면, "한번 와 보세요"라고 할 수 있다. 전도할 때 "한번 와 보세요"라는 말보다 더 함축성있는 말은 그때나 지금이나 없을 것 같다.

....

....

....

3. 빌립은 나다나엘을 어떻게 전도하였는가? 우리는 빌립을 통해서, 전도했을
   때 부정적인 반응을 보이는 사람들에게 어떻게 다시 한 번 전도를 시도할 것
   인가에 대한 힌트를 얻을 수 있다. 그것이 무엇인가를 설명 해 보라.(45, 46절)
   다음 글을 읽고 전도가 반대에 부딪쳤을 때 저자는 어떻게 했는가 살펴보라.

    나는 기독교 서점으로 달려 가면서 "구선생에게 꼭 필요한 것을 고르게 해 주세
요"라고 기도했다. 책을 고르던 중 스님이 목사가 되어 직접 쓴 '극락의 불나비' 라는
책과 간증 테이프가 눈에 띄었다. 그것을 구입해서 돌아왔다.
    막상 전해주려고 하니 용기가 나지 않았다. 어렵게 구선생을 만났다. 그분은 화가
많이 나서 "불교면 몰라도 절대 교회는 안된다"며 옹고집을 부렸다. 자신은 한 발자
국도 양보할 수 없다며, 서슬이 시퍼래져 있는 그의 눈엔 이번 기회에 버릇을 단단히
고쳐 놓겠다고 벼르는 기색이 역력했다.
    나는 아무 소리도 못하고 간증책과 테이프를 내 놓았다. 그러면서 생각이 변하시
면 연락을 달라며 전화번호를 일러 주었다.
    "언제고 연락해 주십시오."
    구선생이 책과 테이프를 통해 변화되기를 속회 식구들과 열심히 기도했다. 이틀후
구선생으로부터 전화연락이 왔다.
    "책도 읽고 테이프도 들어 보았소. 곰곰히 생각해 보니 내가 생각을 잘못한 것 같
습니다." 전혀 예상치 못했던 반응에 나는 당황했다. 그러면서 "나도 기회가 되면 교
회를 가 보겠다"고 말하는 것이었다.
    절대로 열려질 것 같지 않았던 그의 단단한 마음이 합심하여 집중적으로 드린 기
도에 무너져 내린 것이다. 기도를 통하여 여리고성이 맥없이 무너졌듯 구선생의 마
음을 녹여주신 것이다.
    "주님, 감사합니다!"

4. 안드레는 '데리고 오는 방법'을, 빌립은 '와 보라 방법'을 사용했는데 이 방법
   은 대각성전도집회를 위해 우리가 작정한 태신자에게 매우 적합한 방법인 것
   같다. 그 이유를 말해보라. (42, 46절)
   다음 글을 읽고 저자가 세탁소 아주머니를 전도하기 위해 접촉한 방법을 살펴
   보고 우리가 태신자를 데리고 오기 위해 적용하면 좋을 아이디어를 찾아 보라.

> 양복을 들고 나가는 세탁소 아저씨의 뒷 모습을 보며 나는 그 자리에 서서 "저분도
> 주님이 택하신 자라면 그분에게 맞는 전도방법을 가르쳐 주세요"라고 기도드렸다.
> 　세탁소에 보낼 만한 옷을 두 벌 고른 후에 세탁소로 전화를 걸었다. 다행히도 주인
> 아주머니가 직접 전화를 받았다.
> 　"지금 급한(?) 세탁물이 있는데 직접 오실 수가 있으세요?"
> 　"저어, 세탁소가 비었는데. 문 잠그고 가지요"
> 　성공이다. 거기까지는 물 흐르듯 모든 일이 순조로이 잘 진행되었다. 서둘러서 따
> 끈한 차도 끓여 놓고, 대문을 열어놓고 세탁소 아주머니를 기다렸다.
> 　"늦었지요. 하던 일이 있어서 마무리 하느라 좀 늦었어요. 죄송해요."
> 　"아니에요. 어서 들어오세요. 차 한 잔하세요. 제가 갈 걸 괜히 오시라고 했나봐
> 요."
> 　그렇게 해서 세탁소 주인 아주머니와 나는 거실에 마주 앉아 차를 마시게 되었다.
> 물론 주스를 내놓으면 금방 마시고 일어날 것 같아 따끈한 녹차를 준비했다. 전도엔
> 언제나 그렇듯 세심한 배려가 필요하다.

5. 요한과 안드레와 빌립의 전도의 방법은 단순하고 별로 대단치 않은 것 같았지
   만 그 결과는 놀라왔고, 전도의 방법이 서로 달랐지만 그 결과는 동일했다. 우
   리는 이 사실을 통해, 우리가 부족하다 할지라도 전도하면 하나님께서 반드시
   열매를 맺게 하신다는 진리를 발견할 수가 있다. 혹시 당신의 마음속에는 이
   열매를 의심하게 하는 마귀의 생각이 없는가. '전도해 봐야 뻔하지' 하는 생각
   이 왜 악한지 말해보라. (37, 42, 47 참고/ 로마서 1:16, 고린도전서 1:2)

6. 전도의 방법 중에 가장 좋은 방법은 망설임이 없이 다가가서 권유하는 것이요, 초청하는 것이요, 전하는 것이다. 요한도 그랬고, 안드레도 그랬고, 빌립도 그랬다.
   다음 글을 읽고 저자가 무엇을 확실하게 깨달았는지 말해 보라.

정말 뜨거운 마음으로 주님께 감사를 드렸다. 이런 일이 어찌 내 힘으로 되는 것인가. 목사님 설교 말씀에 은혜를 많이 받았다면서 그 후부터는 일하는 주일에도 1부, 3부 두명씩 나누어 꼭 예배를 참석하고 있다. 그렇듯 열심인 그분들을 보면서 "난 만일 전도를 하지 않았다면 어찌 되었을까' 하는 생각을 해보곤 한다. 그때마다 인간의 판단이 얼마나 어리석은지 새삼 느낀다.

그후 전도하면 될 것인가 안 될 것인가 저울질하는 나쁜 버릇을 고치게 됐다. 주님께서 실전을 통해 나의 나쁜 버릇을 단단히 고쳐 주신 것이다. 할까 말까 망설여지고 갈등이 생길 때가 있다. 그럴 때는 성령께서 이미 하라고 일러주시는 것을 사단이 두 마음을 품게 하여 헷갈리게 만드는 때임을 즉시 알아 차려야 한다. 전도에 있어 망설임은 사단의 방해 공작인 것이다.

7. 대각성전도집회가 며칠 남지 않았다. 태신자들을 이번 집회에 모시고 오기 위한 자기 방안들을 서로 나누고, 반드시 이들이 대각성 전도집회에 참석하고 주님을 영접할 수 있도록 태신자들의 이름을 불러 가면서 합심기도 하자.